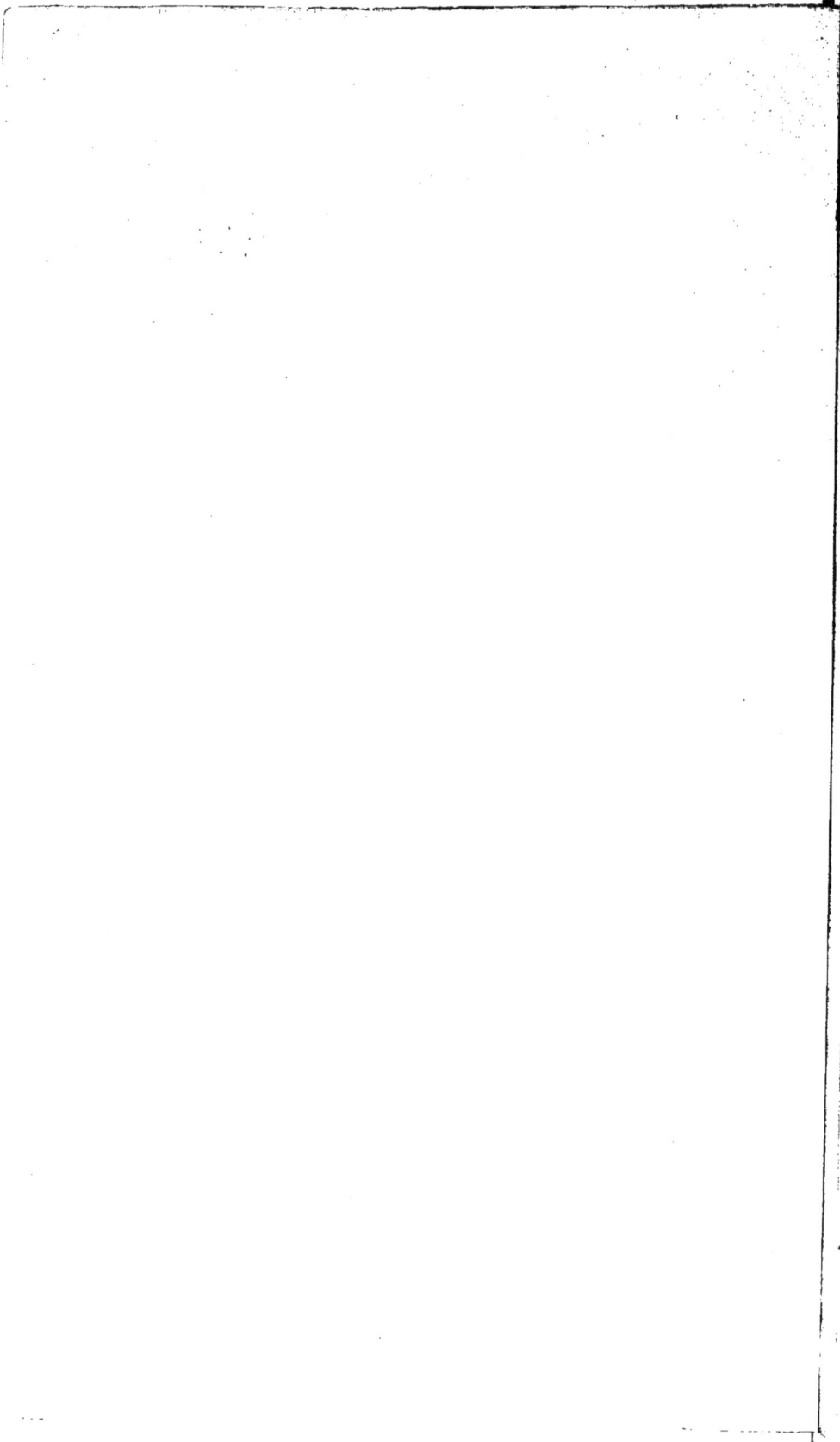

LA

BANQUE DE FRANCE

ET LES

CRISES MONÉTAIRES

—

DEUXIÈME ÉDITION

PARIS

E. DENTU, LIBRAIRE-ÉDITEUR

Galerie d'Orléans, Palais-Royal.

—

1865

LA

BANQUE DE FRANCE

ET LES

CRISES MONÉTAIRES

DEUXIÈME ÉDITION

PARIS

E. DENTU, LIBRAIRE-ÉDITEUR

Galerie d'Orléans, Palais-Royal.

1865

Paris. — Typ. de Ad. Lainé et J. Havard, rue des Saints-Pères, 19.

LA

BANQUE DE FRANCE

ET LES

CRISES MONÉTAIRES.

A aucune époque les crises monétaires n'ont été aussi fréquentes que de notre temps. Elles ont cette double particularité d'éclater au sein d'une prospérité sans précédent dans notre histoire, et de s'accumuler dans une période où le marché du monde semblait menacé d'une sorte d'inondation des métaux précieux.

Cette situation est grave et ne saurait être vue avec indifférence par les pouvoirs publics. C'est donc un devoir de rechercher si elle tient, comme on l'a dit, aux vices des institutions plus encore qu'à la force des événements, et si le moment est, en effet, venu d'introduire dans notre grand établissement financier des réformes qu'appelle le vœu général des esprits.

I.

Le mécanisme de la Banque de France repose sur cette fiction qu'elle est toujours en état de rembourser ses billets en numéraire.

La fiction est manifeste, puisque l'ensemble des billets et des dépôts en compte courant dépasse habituellement le triple de l'encaisse métallique. En d'autres termes, la somme des espèces exigibles est égale à plus de trois fois la somme des espèces disponibles [1].

La Banque est donc dans l'impossibilité organique de remplir à la lettre ses engagements. On peut dire qu'elle est en état virtuel de faillite; il dépend de ses créanciers de la faire déclarer.

---

[1] Cette situation est commune à toutes les banques d'émission, dont le grand avantage, comme on sait, est précisément de pouvoir lancer plus de billets qu'elles n'ont d'espèces. Toutefois nos conclusions s'appliquent spécialement à la Banque de France *telle qu'elle est*, avec ses charges et ses priviléges.

Si cependant son papier continue à circuler sans obstacle, c'est parce que, des deux parts, chacun compte que cette éventualité ne se réalisera jamais.

Ainsi, à l'inverse du crédit ordinaire, qui repose sur la confiance que les engagements pris seront tenus, le crédit de la Banque repose sur l'espérance qu'elle sera dispensée de les tenir. Fragile base pour l'édifice qui soutient la fortune d'un pays !

Il est rare, quand une situation n'est pas absolument vraie, qu'elle n'entraîne pas tôt ou tard des difficultés. C'est ce qui arrive pour la Banque de France. Sa fiction fondamentale donne naissance à des embarras graves. Nous n'en voulons pour preuve que les faits suivants :

Variation fréquente du taux de l'escompte ;

Maintien de ce taux à un niveau moyen trop élevé ;

Impossibilité de faire un appel efficace aux capitaux du pays ;

Sans parler de diverses mesures restrictives pour le crédit, telles que la réduction des bordereaux d'escompte et les difficultés opposées à l'acceptation des signatures.

Tout le monde est d'accord sur les inconvénients d'une telle situation : on l'est un peu moins sur les causes, et moins encore sur les remèdes.

Si l'on en croyait certains écrivains, toute la faute en reviendrait à l'esprit qui anime l'institution, esprit égoïste et routinier, qui la maintient invariablement dans la même ornière. Les mesures dont gémit le commerce seraient dues à l'ignorance des vraies lois économiques, à un désir immodéré de lucre et à une profonde indifférence pour l'intérêt public.

Selon eux, il ne dépendrait que des directeurs de la Banque :

De rendre l'escompte à peu près invariable ;

D'abaisser le taux moyen du crédit ;

De servir un intérêt aux dépôts.

Nous ne partageons pas cette croyance. Nous n'admettons pas qu'au sein d'une société où l'opinion exerce un contrôle souverain, une grande institution, même investie d'un monopole, puisse se maintenir indéfiniment en opposition avec le sentiment public. Nous sommes persuadé que si la Banque pouvait accorder les réformes qu'on lui demande, il y a longtemps qu'elle les aurait accomplies, du moins dans leurs parties essentielles. Elle ne s'opiniâtrerait pas dans une attitude qui nuit à ses intérêts, amoindrit sa considération, et met en péril son existence elle-même.

Si la Banque ne remédie pas aux maux qu'on lui signale, c'est qu'elle est dans l'impossibilité de le faire; c'est que ces maux sont des conséquences logiques, forcées, inévitables, de la fiction qui sert de base à son crédit.

Il est facile de le reconnaître par un examen plus détaillé.

II.

Parlons de l'élévation de l'escompte.

La Banque élève le taux de son escompte toutes les fois que, les demandes de numéraire devenant trop nombreuses, elle peut craindre de se trouver démunie d'espèces vis-à-vis du public.

Cette mesure est sans effet sur les billets déjà

émis, mais elle arrête les nouvelles demandes
des banquiers. — On sait comment s'effectue
la sortie des espèces : quand un banquier a
besoin de métal, il fait escompter du papier à
la Banque ; il présente aussitôt au remboursement les billets reçus en échange, et oblige dès
lors celle-ci à solder son prêt en numéraire. —
La Banque s'effraye promptement de la manœu-
vre. Quoique défendue encore par un encaisse
imposant, elle tremble de voir les porteurs de
billets partager son émotion et changer ainsi
un embarras passager en une irrémédiable catastrophe. Aussi l'élévation de l'escompte, bar-
rière aux nouvelles demandes, ne se fait-elle pas
longtemps attendre.

On peut faire à la mesure le double reproche
d'aller au-delà du but, et cependant d'être insuffisante.

Elle va au-delà du but, car elle s'applique
aussi bien aux emprunteurs de billets qu'aux
emprunteurs d'espèces. La majeure partie de la
clientèle, celle qui n'a pas, dans le moment, de
comptes à solder à l'étranger, réclame l'escompte
pour l'escompte même, c'est-à-dire pour le crédit, afin d'avoir des billets qui circulent comme
monnaie dans le public. De ceux-là la Banque
n'a rien à redouter, cependant elle les repousse

indistinctement. Innocents et coupables, elle
enveloppe tout le monde dans la même pros-
cription. Circonstance d'autant plus fâcheuse
que c'est précisément au moment de l'exporta-
tion des espèces qu'il conviendrait d'accroître l'é-
mission des billets. A un premier mal s'en ajoute
donc un plus grand. La circulation est appau-
vrie, le commerce entier est troublé, parce
qu'une faible minorité a effrayé la Banque de
ses demandes d'argent.

C'est ainsi qu'une diminution de 40 à 50 millions dans l'encaisse métallique de la Banque
devient une calamité nationale au sein d'un
pays qui ne possède pas moins de 4 à 5 milliards de numéraire.

La mesure est insuffisante, car elle ne pare pas
complétement au danger. L'escompte aurait beau
être aggravé jusqu'à couper court à tous les emprunts, la Banque n'en demeurerait pas moins
impuissante à rembourser les détenteurs de ses
billets, qu'une panique soudaine précipiterait
à ses portes. On l'a vu en 1848, alors que le
Gouvernement dut décréter le cours forcé pour
prévenir une catastrophe. On l'avait déjà vu
auparavant, à diverses époques où les payements
furent partiellement suspendus. Et c'est parce
que la Banque se le rappelle, qu'elle veut avoir
toujours une réserve bien supérieure à ses be-

soins. Elle veut enlever à la panique tout motif de naître.

L'encaisse de la Banque est destiné plus encore à rassurer qu'à rembourser.

Quels remèdes propose-t-on ?

Les uns, les optimistes, disent à la Banque : « Que craignez-vous? c'est une bourrasque passagère. Laissez aller : votre encaisse diminuera, mais ne descendra pas jusqu'à zéro. Ne vous mettez pas tant en peine de conjurer un péril imaginaire. Et puis, l'argent qui sort, ne rentrera-t-il pas? Bientôt il reviendra sur le marché s'échanger contre des produits, et de nouveau il affluera dans vos caisses. C'est un de ces va-et-vient d'espèces, comme il s'en produit tous les ans, et qu'il faut faciliter au lieu d'entraver. »

La Banque répond : « Mon encaisse ne s'épuisera pas, je veux bien le croire ; mais qui me le garantit ?..... Or savez-vous ce qu'il y a au fond de mon encaisse? Il y a la faillite. Puis-je, de gaieté de cœur, courir cet extrême danger ? Non, non; mieux vaut prévenir de longue main une panique, improbable mais possible, des porteurs de billets. Mieux vaut

élever l'escompte, avant que mes trésors aient
cessé d'offrir au public une masse rassurante.
Que le va-et-vient des espèces s'effectue dans
d'autres caisses que la mienne ! »

Tel est le raisonnement de la Banque, et,
pour notre part, nous ne l'en blâmons pas,

D'autres disent : « Qu'on émette des petites
coupures, des billets de vingt francs, tout au
moins de cinquante; et la réserve se reconsti-
tuera d'elle-même sur de larges bases. Ces billets sont de ceux que le public garde le plus
volontiers. On pourra donc, en tout temps, disposer de l'argent qui, par ce moyen, sera retiré
de la circulation. »

Nous sommes loin assurément de méconnaître
les avantages des petites coupures. Mais en ce qui
touche la question de l'encaisse, qui ne voit que
c'est un moyen mal approprié au genre d'effet
qu'on en veut tirer ? Ce qu'il faut avant tout,
c'est une ressource flexible, variable comme les
circonstances, et dont l'importance se puisse
toujours proportionner aux besoins ; en d'autres termes, une ressource qu'on puisse alter-
nativement abandonner et reprendre.

Or que produirait l'émission du nouveau
papier ?

Elle ferait rentrer, je suppose, dans les cof-

fres de la Banque une somme égale à celle des
billets de 100 francs, soit 200 millions, — et ce
serait excellent pour faire face aux embarras du
moment ; — mais, une fois le calme revenu, la
Banque ne conserverait certainement pas un
encaisse de 500 millions, si celui de 300 est
jugé suffisant. Elle laisserait tomber graduel-
lement sa réserve, et les 200 millions d'excé-
dant se dissiperaient au dehors. Une nouvelle
crise la retrouverait avec 300 millions, c'est-à-
dire dans la même position qu'auparavant; et
alors, que faire? L'émission des petites coupures aurait produit tout son effet. Le moyen
serait épuisé. Le trésor qu'elle aurait fourni ne
se renouvellerait pas.

Ce qu'il aurait fallu, on le voit, c'eût été de
pouvoir, à volonté, retirer ces billets et les
émettre de nouveau, en un mot disposer de la
ressource variable dont nous parlions. Mais la
nature des choses ne le comporte pas. Les billets
une fois introduits dans la circulation ne se re-
tirent plus.

L'exemple du passé n'est-il d'ailleurs pas là
pour nous instruire? Quand il fut question, il
y a quinze ans, de lancer les billets de 100 francs,
ne se promettait-on pas les mêmes résultats
qu'on attend aujourd'hui de ceux de cinquante? Et cependant, jamais le taux de l'es-

compte n'a autant varié que depuis cette épo
que.

On ne doit pas attendre de meilleurs résultats de la mobilisation du capital de la Banque,
engagé, comme on sait, en rentes sur l'État. Il en
serait de ce capital comme des sommes obte-
nues par l'émission des petites coupures.

Quelques-uns cherchent à prendre la Banque
par le sentiment, et lui tiennent à peu près ce
langage : «Institution nationale, vous avez le no-
ble devoir d'aider le pays dans ses moments de
crise. N'imitez pas le général qui abandonne
son armée au jour du danger! Si le pays a besoin de métaux précieux, fournissez-les-lui en
vous les procurant à l'étranger. Vous re-
trouverez amplement le prix de votre sacrifice par l'extension qu'en recevront les
affaires, la sécurité dont jouira le commerce,
et l'attachement que vous inspirerez à votre
clientèle. »

Pense-t-on sérieusement que de pareilles
exhortations puissent produire quelque effet
sur une administration qui doit être, avant tout,
composée d'hommes d'affaires? Qu'accidentel-
lement, pour conjurer une crise légère ou pour
faire face à un besoin pressant et de courte du-
rée, la Banque se résigne au rôle ingrat de pour-

voyeuse d'espèces, nous le comprenons ; mais que normalement, quand elle a sous la main le moyen plus puissant de l'élévation de l'escompte, elle renonce à s'en servir, et préfère acheter par grandes masses des métaux précieux pour les revendre à perte, c'est en vérité trop au-dessus de la nature humaine ! Nous dirons plus : ce n'est pas à désirer ; car on doit se méfier de gens qui ne défendent pas mieux leurs intérêts.

Enfin, une vieille école révolutionnaire, encore imbue des théories du comité de salut public, propose nettement d'instituer le cours forcé des billets. «Voyez, disent-ils, ce qui s'est passé en 1848 ; le cours forcé a sauvé la Banque, et les billets n'ont pas cessé de circuler avec la plus grande facilité. »

Belle raison, en vérité ! L'emprunt forcé aussi réussit à merveille, alors que l'emprunt volontaire eût échoué : donc décrétons les emprunts forcés. La suspension des libertés publiques réussit également, à certains jours où sans elle la patrie périrait : donc suspendons les libertés publiques.

Le cours forcé, à l'état normal, perd sa raison d'être et son excuse. C'est le renversement du crédit. C'est la violence des jours troublés

substituée à la confiance des jours tran-
quilles.

A cette école se rattachent ceux qui voudraient
en revenir à la limitation légale du taux de
l'escompte. C'est une suite des mêmes préjugés
qui, encore aujourd'hui, obligent le Gouvernement à différer l'abrogation des lois sur l'usure.
Comme si le prix de l'argent, sous quelque forme
qu'il apparaisse, prêt ordinaire ou escompte
commercial, pouvait être réglé par une autre
loi que celle de l'offre et de la demande ! De
telles entraves ne sont supportables que dans
l'enfance du crédit : elles sont incompatibles
avec un état quelque peu avancé des transactions.

III.

Venons à la question des dépôts.

La Banque, on le sait, ne sert aucun intérêt
aux capitaux qu'on lui confie. Elle ne se départ

de cette règle en aucune circonstance, même aux temps où elle fait payer le plus cher les capitaux qu'elle prête.

On lui en fait le reproche à deux points de vue : au point de vue de l'intérêt public, et au point de vue de son intérêt propre.

« La gratuité des dépôts, remarque-t-on avec raison, met obstacle à leur développement. Une masse considérable de richesses, sous forme de numéraire, séjourne inactive entre les mains du public. La Banque lui ferait rendre d'importants services, en l'attirant à elle et la dirigeant vers la production. — De fait, si l'on néglige le compte courant de l'État, la somme des dépôts est insignifiante : moins de 200 millions, moins du vingtième du numéraire de la France. — Que d'espèces, immobiles au fond des tiroirs, que l'appât d'un bénéfice en ferait sortir! Et combien encore la somme s'augmenterait-elle par le stimulant offert à l'esprit d'économie! Lacune d'autant plus regrettable que nul établissement de crédit ne peut aussi bien s'adresser au pays, ne peut lui assurer une confiance aussi générale.

« L'intérêt propre de la Banque, ajoute-t-on, n'est pas moins sacrifié. En renonçant aux dépôts, elle se prive d'un moyen assuré d'alimenter son encaisse métallique. Que sa situation changerait, si, au lieu d'une somme précaire de 200 millions, toujours prête à échapper parce que rien ne la retient, la Banque pouvait s'appuyer sur 4 ou 500 millions de bons dépôts, attachés à elle par le plus solide des liens, celui de l'intérêt! Alors s'éloigneraient ces oscillations si inquiétantes de la réserve, et les mesures restrictives qui les accompagnent. Alors renaîtrait l'âge d'or de l'invariabilité de l'escompte. »

Ces observations sont vraies en grande partie. Nous reconnaissons que les dépôts offrent un excellent moyen, je dirai le seul logique, d'alimenter les coffres d'une banque. Ce n'est pas une ressource d'un jour comme l'émission des petites coupures, ni une arme à deux tranchants, blessant à la fois amis et ennemis, comme l'élévation du taux de l'escompte ; mais c'est l'instrument flexible que nous vantions, dont l'action se modifie au gré des événements. Car les dépôts offrent cet inestimable avantage que, par une rémunération sagement calculée, on en proportionne la masse aux besoins, et qu'on peut tour à tour les rendre et les demander au public. Quoi de plus naturel d'ailleurs que d'opposer les prêteurs aux emprunteurs, et de faire servir les offres des uns à satisfaire les demandes des autres?

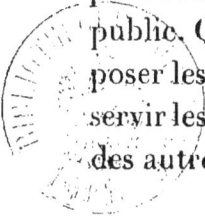

Oui, cela est vrai. Mais on oublie une chose : c'est qu'une telle ressource pourrait devenir pour la Banque un sérieux danger.

Pour servir un intérêt aux dépôts, elle devrait les faire valoir, c'est-à-dire s'en dessaisir ; et, si elle s'en dessaisit, comment répondra-t-elle à une demande générale, soudaine de remboursement[1] ? Par des billets ? Mais ces billets eux-mêmes sont remboursables en espèces. La difficulté reste donc tout entière ; et la Banque verra ainsi croître ses périls avec le nombre de ses créanciers.

Compter d'une façon absolue sur les déposants, c'est trop mettre la théorie à la place des faits. Croit-on qu'au moment d'une commotion profonde, quand la rente française descend à donner plus de 5 pour 100, un intérêt de 3 ou 4 pour 100 les retiendra sûrement à la Banque ? Croit-on que, plus engagés que les porteurs de billets, ils seront moins accessibles à une panique ? Reconnaissons-le : les capitaux rémunérés seraient infiniment plus constants qu'aujourd'hui, mais cette constance même pourrait les rendre plus dangereux, à certains jours, par l'habitude qu'on aurait prise de trop compter sur eux.

---

[1] Nous parlons naturellement des dépôts en compte courant, comme ceux d'aujourd'hui ; ce sont les plus intéressants pour le monde des affaires.

On invoque à l'appui l'exemple de certains établissements, qui payent un intérêt aux dépôts. Mais d'abord ces établissements n'ont pas en circulation 8 à 900 millions de billets toujours remboursables. Ensuite nous ne les avons pas vus à l'épreuve d'une révolution ; nous ne pouvons donc savoir l'effet qu'aurait sur eux une véritable panique.

En résumé, la Banque de France est dans cette position singulière et fâcheuse :

Qu'elle ne peut jamais, quoi qu'elle fasse, se mettre à l'abri d'une catastrophe ;

Qu'ayant des besoins impérieux d'espèces, elle est privée du moyen le plus efficace de s'en procurer ;

Que, reconnaissant tous les maux qu'entraîne l'élévation de son escompte, elle est sans cesse obligée d'y recourir.

Ainsi son organisation actuelle la rend également impropre à faire face aux petites crises comme aux grandes. Les unes et les autres la trouvent pareillement désarmée.

IV.

Au fond, pourtant, quelle est la situation de la Banque ?

Elle porte, il est vrai, le périlleux fardeau d'une dette toujours remboursable, mais elle s'appuie sur le meilleur portefeuille de la France. Des créances d'une solidité éprouvée balancent continuellement ses obligations. Il n'est pas un billet émis, pas un dépôt reçu qui n'ait son exacte contre-partie dans des effets auxquels le risque des affaires semble inconnu, au point que, dans l'année 1848 elle-même, la Banque a pu servir près de 8 pour cent à ses actionnaires. Enfin, pour rassurer les plus timides, un capital de garantie de 200 millions répond d'avance de tous les mécomptes.

Rien donc ne manque à la Banque pour pouvoir défier les coups de la fortune, rien, hormis une chose : le temps. Ses créances sont à terme tandis que ses dettes sont à vue. Entre les unes et les autres, il y a comme une solution de continuité, un abîme sur lequel son crédit demeure suspendu. La position de la Banque n'est jamais régulière que trois mois après le jour où elle se trouve. Tel est le délai maximum au bout duquel toutes les créances sont rentrées et toutes les dettes peuvent être éteintes. Mais déjà, à ce moment, de nouvelles dettes sont formées et l'équilibre est aussi éloigné de se rétablir. Si bien que la Banque, avec un actif toujours supérieur à son passif, est sans cesse menacée d'une catastrophe.

Il y a quelque chose d'anormal dans cette situation à la fois si solide et si fragile. Il ne convient pas qu'une sorte de vice de forme maintienne au sein de la force un élément d'incurable faiblesse.

Il faut soustraire la Banque à une éventualité qui, tout improbable qu'elle est, suffit néanmoins pour entraver sa marche et paralyser ses combinaisons.

Comment y parvenir?

La logique l'indique. C'est en recherchant la situation vraie de la Banque et l'inscrivant dans ses statuts. C'est en mettant le mécanisme en parfait accord avec la nature même des choses.

Or quelle est cette situation vraie? En présence d'une de ces paniques soudaines, générales, irrésistibles, comme 1848 en a vu naître, comme il en peut arriver deux ou trois dans un siècle, quelle est fatalement la conduite de la Banque ?

Évidemment, — si nous laissons de côté les petits moyens détournés, tels qu'en 1805, 1814, — la Banque ne peut suivre qu'une de ces deux voies :

Réclamer le cours forcé des billets, c'est-à-dire trahir ses engagements, et mettre la violence à la place du droit ;

Ou bien, dire à ses créanciers : « J'ai en main de quoi vous rembourser tous ; mais il me faut du temps. Je vous ajourne à trois mois. »

Et ce dernier parti, si la Banque l'adopte, le Gouvernement le sanctionnera toujours ; car, plus sage et plus vrai que le cours forcé, il répond comme lui aux nécessités de la situation, sans ouvrir la porte aux abus révolutionnaires.

Eh bien ! ce qu'on serait obligé d'autoriser après, pourquoi ne pas l'autoriser avant ? Pourquoi ne pas faire rentrer dans la loi ce que la loi devra reconnaître ? Pourquoi laisser les apparences révolutionnaires à une mesure qui n'est, au fond, que la conséquence logique du principe même des banques d'émission ? Tout

le monde y gagnerait : le public, qui saurait d'a-
vance où s'arrêtent ses risques ; la Banque, qui
se mouvrait en tous temps dans le cercle de ses
droits ; l'État enfin, qui cesserait d'intervenir
arbitrairement dans les crises suprêmes du
crédit.

V.

Les conséquences d'une semblable mesure
seraient bien plus générales que ne le ferait
supposer le caractère exceptionnel des époques
qui la nécessitent. C'est à l'état normal qu'elle
porterait ses meilleurs fruits. En effet, aujour-
d'hui, quel est le grand obstacle qui s'oppose à
ce que la Banque fasse appel aux capitaux du
pays? C'est, nous l'avons vu, la crainte légitime
d'accroître les périls théoriques d'une situation
déjà si compromise. La Banque ne veut pas se
donner des créanciers de la plus dangereuse es-
pèce au moment d'une panique. Quelque im-

probable que soit cette chance, elle préfère ne pas la courir.

La position assurée de ce côté, nous défions qu'on puisse produire aucune objection sé-rieuse contre l'usage en grand des dépôts à intérêt.

On n'oserait point dire que, les dépôts gra-tuits suffisant déjà, il serait déplaisant de les payer pour en accroître inutilement la masse. Car nous répondrions alors à la Banque : D'a-bord la somme de vos dépôts est inférieure à votre encaisse métallique, vos bilans en font foi; ensuite, vous troublez perpétuellement le pays de vos besoins d'espèces : l'élévation du taux de votre escompte est une incessante protesta-tion contre vos paroles.

Ou bien, craignez-vous qu'aux époques où l'argent se fait cher, quand, pour vous défen-dre, vous portez votre escompte à 6, 7 et même 10 pour 100, craignez-vous que les déposants, attirés au dehors par les mêmes demandes qui vous assiégent, ne viennent tout d'un coup exiger le remboursement? Mais ce n'est là qu'une ques-tion d'intérêt plus ou moins grand à leur servir. Faites-en varier le taux, augmentez-le, s'il le faut, comme vous augmentez celui de l'escompte, et vous êtes bien sûre que les mêmes conditions qui empêchent les emprunteurs d'entrer chez vous, empêcheront les prêteurs d'en sortir. C'est, nous le répétons, une pure question de chiffre. Il est possible, il est facile de fixer en tous temps un taux de rémunération qui, non-seulement retienne les dépôts, mais qui en accroisse encore le nombre; et la limite supérieure de ce taux, elle est tout indiquée: c'est le chiffre même du taux de l'escompte.

· On entrevoit déjà la nécessité d'une relation permanente entre les deux taux. Ce sont en effet les deux termes d'une seule question. Le crédit n'a pas deux faces : une pour les prêteurs, une pour les emprunteurs. Il ne dit pas aux uns : « L'argent est abondant, on vous le payera bon marché; » et aux autres :« L'argent est rare, vous le payerez cher. » Non. L'argent est à la fois cher ou à bon marché dans les deux camps. Un établissement financier, si grand qu'il soit, ne peut prétendre échapper à la règle commune. Bonnes ou mauvaises, il doit subir les conditions générales du marché; et, s'il reçoit largement d'une main, il doit donner libéralement de l'autre.

C'est en réalisant cette conciliation entre les prêts et les emprunts, entre l'offre et la demande, que la Banque de France se mettra véritablement en communication avec la richesse métallique du pays. Jusqu'ici l'encaisse du pays et celui de la Banque sont restés en quelque sorte à l'écart l'un de l'autre. De là, la stagnation du premier, et la dangereuse mobilité du second. Il faut qu'ils soient désormais comme deux vases communicants, dont le plus petit ne fait que suivre les oscillations du plus grand. C'est à cet équilibre fécond que tend le projet qu'on va lire.

VI.

La réforme que nous souhaitons peut être réalisée par quelques clauses légales fort simples. Nous la présenterons sous cette forme, c'est-à-dire exprimée en un petit nombre d'articles de projet de loi. De la sorte, le lecteur en pourra saisir l'ensemble avant de passer à la discussion de détail. Un tel mode est d'ailleurs commandé par la connexion fort étroite qui existe entre les diverses dispositions du projet. Nous prions donc qu'on les examine attentivement, sans se laisser rebuter par des objections *à première vue*, que nous espérons bien lever complétement dans l'explication qui suivra.

PROJET DE LOI.

ARTICLE PREMIER.

La Banque de France continue à émettre, comme par le passé, des billets payables au porteur et à vue (billets de banque).

Elle a la faculté d'en ajourner le remboursement à trois mois de date, à partir du jour de la présentation, à la charge d'en payer l'intérêt à raison de 5 pour 100 l'an. L'ajournement est constaté par une estampille très-apparente, indiquant la date du remboursement, ainsi que le taux résultant du compte des intérêts pendant les trois mois '.

Les billets ajournés sont acceptés en payement par la Banque, à leur taux d'émission, avant l'expiration du délai d'ajournement.

Nul billet ajourné une première fois ne peut l'être à nouveau.

ART. 2.

La faculté d'ajournement ne peut être exercée qu'en vertu d'une décision du Conseil de la Banque, rendue publique et applicable, jusqu'à révocation, dans l'étendue de l'Empire, à tous les billets présentés au remboursement.

ART. 3.

La Banque reçoit en compte courant deux sortes de dépôts de capitaux :

Les uns, ne portant pas intérêt, remboursables en numéraire ou en billets, au choix du déposant ;

Les autres, portant intérêt, remboursables en numéraire ou en billets, au choix de la Banque.

ART. 4.

La Banque conserve le droit de fixer, à son gré, le taux de son escompte. Toutefois ce taux ne peut excéder de plus de 1 pour 100 celui de l'intérêt des dépôts.

' Ainsi un billet de 1,000 francs, présenté le 15 novembre 1863 et ajourné, recevrait la mention :

Remboursable le 15 *février* 1864
à 1,012 *fr.* 50 *c.*

VII.

Les articles 1 et 2 donnent à la Banque, sous certaines conditions, la faculté d'ajourner à trois mois le remboursement de ses billets.

Ce droit, qui semble nouveau, que certains seraient tentés d'appeler exorbitant, n'est en réalité, comme on l'a vu, que l'expression exacte de la situation de la Banque.

C'est la légalisation anticipée de ce que, logiquement, fatalement, la Banque se trouverait amenée à faire, dans tel cas où l'assistance de moyens révolutionnaires lui ferait défaut.

Il y a plus : la Banque, réclamant un pareil délai de ses créanciers, devrait leur servir l'intérêt des valeurs qu'elle continue à détenir. Le projet porte donc un intérêt de 5 pour 100 l'an en faveur des billets ajournés. Ainsi sera substitué à une mesure violente et illégale, l'exercice paisible d'un droit reconnu et accepté.

Quel inconvénient pourrait-on redouter? Devrait-on craindre que le billet de Banque, soumis désormais à cette faculté de l'ajournement, ne cessât d'être une monnaie invariable?

C'est ce qui arriverait si le droit d'ajournement, au lieu d'être un moyen extrême de salut, pouvait devenir la ressource des crises ordinaires. Mais cela ne saurait être. La Banque l'expierait la première, et l'expierait durement, en payant à 5 pour 100 l'intérêt de ses billets. Est-il admissible, est-il supposable que la Banque, ayant le pouvoir de faire circuler ses billets gratuitement, se mette dans le cas de les faire circuler aussi chèrement?

Calcule-t-on à quelle perte elle souscrirait?

Non-seulement elle perdrait sur ses nouveaux emprunteurs qui recevraient, à l'escompte, du papier portant intérêt, diminuant d'autant celui qu'ils payent eux-mêmes, mais elle perdrait surtout sur la masse des billets en circulation, lesquels, à la première nouvelle de l'ajournement, se présenteraient en foule pour se faire ajourner à leur tour et jouir ainsi du bénéfice attaché à la mesure. Ce serait, chaque fois, sur plusieurs centaines de millions que la Banque servirait l'intérêt de 5 pour 100 pendant trois mois. Elle dépenserait sous cette forme incomparablement plus qu'il ne lui en coûte de toutes

manières pour se maintenir en état de rem
bourser en numéraire.

Il faut donc le reconnaître : l'ajournement
est une mesure destinée pratiquement à voir le
jour dans des circonstances analogues à celles
qui réclameraient le cours forcé, c'est-à-dire
deux ou trois fois peut-être dans un siècle. Or,
puisque l'éventualité du cours forcé (devenue
une réalité en 1848) n'empêche pas actuellement
les billets de circuler en toute confiance, l'é-
ventualité de l'ajournement, qui est la même,
ne les en empêcherait pas davantage.

Je dis plus : elle les en empêcherait moins
encore, si l'on peut ainsi parler. La situation
des porteurs sera, en effet, bien autrement fa-
vorable. Au lieu d'être exposés, comme aujour-
d'hui, à une suspension de payement indéfinie,
sans aucune indemnité, ils ne seront plus exposés qu'à une suspension temporaire, réglée
d'avance, pendant laquelle ils recevront, en dé-
dommagement, l'intérêt de leur argent à
5 pour 100. Le pire qui leur puisse arriver,
c'est de voir convertir leurs billets à vue en
billets à rente et à terme, et à un terme toujours
assuré ; car en trois mois la Banque est en mesure d'acquitter la totalité de ses dettes.

Ici se présente une remarque essentielle :
c'est que l'ajournement n'entraîne pas la *liqui-
dation*. Rien n'empêcherait la Banque, si l'état
social l'exigeait, de continuer ses opérations
tout en maintenant l'ajournement. Chaque jour
verrait apparaître, dans leur ordre de date, les
billets arrivés à échéance, et chaque jour ces
billets trouveraient, par suite de la rentrée des
escomptes, la somme nécessaire pour les rembourser. Cet équilibre quotidien entre les rentrées et les sorties demeure étranger à l'accom-
plissement de nouveaux escomptes, donnant
lieu à l'émission de nouveaux billets, qui tom-
beraient à leur tour sous le coup de l'ajournement. Les plus violentes crises ne pourraient
donc avoir d'autre effet que de diminuer les
bénéfices de la Banque, sans altérer en rien la
marche des affaires.

Les billets ajournés se présenteraient au public avec des qualités exceptionnelles. D'une
part ils offriraient une certitude de remboursement qu'aucun autre effet n'égalerait ; d'autre
part, ils jouiraient d'un large intérêt, qui ten-
drait à les élever au-dessus de leur cours. Il ne
manquerait pas de gens pour les accepter
comme monnaie à leur taux d'émission, ni de
banquiers pour les escompter, les uns et les au-

tres étant assurés de réaliser promptement sur eux un bon bénéfice. Ils seraient même recherchés comme placements temporaires avantageux; car ils auraient ce dernier degré de solidité qui manque encore aux effets de la Banque, et que peut seule donner une situation à l'abri de tout imprévu.

En résumé, soustraire la Banque à une situation toujours fausse et parfois périlleuse; définir clairement les risques du public et lui en assurer, le cas échéant, une compensation équitable : tel est l'objet de la proposition contenue dans les deux premiers articles.

VIII.

L'article 3 institue des dépôts à intérêt et donne à la Banque la faculté de les rembourser en billets. Comme d'ailleurs ces billets sont ajournables, cela revient à ajourner, le cas échéant, le remboursement des dépôts. En quoi les déposants, surpris par une commotion

imprévue, seraient-ils fondés à se plaindre?
Ils avaient le choix; ils pouvaient s'en tenir aux
dépôts gratuits, pareils à ceux d'aujourd'hui,
qui leur assuraient le remboursement immédiat
en espèces. Ils ont préféré jouir d'un intérêt; il
est juste qu'ils payent cet avantage par quelque
concession. Mais que parlons-nous de concession? Nul, dans la pratique, ne s'imaginera
en faire une, parce qu'il se sera exposé, à quoi?
à la même chance précisément que les porteurs
de billets, c'est-à-dire à une éventualité qui
n'empêche nullement ces billets de circuler en
toute confiance.

En fait, personne n'y regardera, et on choi-
sira le mode à intérêt absolument comme on
accepte des billets en place d'espèces, avec ce
motif de plus qu'on y trouvera un bénéfice.
Si dans notre projet nous laissons subsister les
dépôts gratuits, exigibles en numéraire, c'est
uniquement pour respecter une vieille habitude,
et pour prévenir les exclamations que provo-
querait peut-être tout d'abord chez quelques
personnes l'idée qu'un dépôt, cette chose sa-
crée, ne serait pas rendu sous la forme où il a
été confié. Mais un tel sentiment disparaîtrait
bien vite, comme a disparu la défiance du papier
de banque, et le livre des dépôts gratuits se fer-
merait bientôt pour ne plus se rouvrir.

Quant à l'importance des sommes que la Banque se procurerait, elle n'a pour ainsi dire d'autre limite que celle du taux même de leur intérêt. La masse de numéraire aux mains du public, sans parler de la monnaie fiduciaire, est tellement considérable que l'on peut y puiser sans crainte d'en trouver la fin. Les plus grandes oscillations de l'encaisse métallique sont insignifiantes par rapport à ce vaste réservoir. La Banque a là une sorte de mine toujours ouverte à l'exploitation, et dont il ne tient qu'à elle de profiter. Quand on se rappelle quelles sommes l'État trouve constamment à emprunter sous forme de bons du Trésor, quand on remarque avec quelle rapidité l'argent afflue aux bourses publiques dès qu'il y peut faire des reports à 4 ou 5 pour 100, quand on voit enfin quelques centaines de millions déposés sans rémunération dans divers établissements de crédit, on n'hésite pas à conclure qu'un intérêt de 2 1/2 à 3 pour 100 appellerait à la Banque d'immenses capitaux. Une variation de 1 pour 100 en plus ou en moins déterminerait d'ailleurs de grandes oscillations, de façon à proportionner continuellement les ressources aux besoins.

Ainsi, notre seconde proposition (art. 3)

donne à la Banque le moyen d'alimenter son
encaisse sans nuire au commerce, et sans courir
les risques, si improbables qu'ils soient, qui
l'arrêtent aujourd'hui.

IX.

Qu'est-ce que nous demandons enfin ?

Nous demandons que la Banque, n'étant plus
forcée d'élever démesurément son escompte,
n'ait en même temps aucun intérêt à le faire, et
que son taux résulte à chaque instant de la situation vraie du pays.

Tel est l'objet du dernier article, aux termes
duquel le taux de l'escompte ne devra jamais
excéder de plus de 1 pour 100 celui de l'intérêt
des dépôts, — l'écart prévu étant destiné à cou-
vrir amplement la Banque de ses frais [1].

[1] D'après le compte rendu de la Banque de France pour
l'exercice 1862, ces frais ressortent à $\frac{2}{3}$ pour cent du capital
prêté au public.

A ceux qui prétendraient que nous faisons
violence à la Banque, nous répondrions :

Nous ne la violentons pas, mais nous affran-
chissons les événements. Nous rétablissons le
cours naturel des choses, que l'on contrarie aujourd'hui. Au sein du monopole, nous obtenons
les fruits de la liberté : nous amenons le taux de
crédit que réclame à chaque instant l'état général du marché.

En effet, quel est ce taux ?

C'est celui qui s'établirait si tous les prêteurs d'une part, tous les emprunteurs de
l'autre, étaient mis directement en présence et
débattaient librement leurs prétentions.

A quelles conditions un établissement financier, se constituant intermédiaire, respectera-
t-il cet équilibre naturel ?

A la condition, d'abord, de ne prélever sur
les uns et les autres qu'un droit fixe, représen-
tant sa commission ; et, ensuite, d'être attentif
aux oscillations du marché, de manière à les
suivre toujours et ne les contrarier jamais.

Or c'est justement là ce que réalise notre projet. D'une part, la Banque, par l'écart maximum de 1 pour 100, prélève un droit à peu près
toujours le même ; d'autre part, elle est inté-
ressée à maintenir son taux en harmonie avec
l'état monétaire du pays : car, si elle reste en

dessous, elle aura trop d'escomptes et pas assez
de dépôts, et, si elle reste en dessus, elle aura
trop de dépôts et pas assez d'escomptes. Son
maximum de bénéfices coïncidera avec le point
d'équilibre de l'offre et de la demande.

Aujourd'hui, aucun lien n'existe entre les
prêteurs et les emprunteurs. Les premiers sont
arrêtés au seuil de la Banque, et les seconds su-
bissent les conditions d'un arbitre souverain. Il
n'y a pas ce débat contradictoire qui précède et
fait les prix. Car la Banque, avec son capital
immobilisé, n'est pas, ne peut pas être le vrai
prêteur. Son fonds de billets doit reposer sur
quelque chose, et ce quelque chose, ce sont les
espèces que le public remet entre ses mains
et qui doivent être une fraction toujours pro-
portionnelle des capitaux fiduciaires dont elle
dispose au dehors. Il faut donc que ce public
soit entendu au débat, et il le sera de fait si ses
intérêts sont étroitement liés à ceux de la Banque,
s'il participe à toutes les conditions, bonnes
ou mauvaises, que souscriront les emprunteurs.

Vienne une crise monétaire, comment les
choses se passeront-elles?

Fort simplement. D'abord, la Banque pourra,
de plus grand sang-froid, voir baisser son en-

caisse. Elle saura que la ruine ou le déshonneur
n'est pas au bout. Ensuite, si c'est nécessaire,
comme aujourd'hui, elle élèvera son escompte ;
mais dans quelles proportions différentes! Pré-
sentement elle en est réduite, nous l'avons vu,
à l'aggraver de plus en plus, sans jamais puiser
directement à la réserve métallique du pays.
Cette réserve n'a pourtant pas disparu, malgré
la crise ; à peine est-elle légèrement entamée.
Les espèces continuent à se trouver aux mains
du public ; il ne s'agit que de les lui demander.
Ainsi fera-t-elle. En élevant de 1 pour 100, par
exemple, le taux de l'escompte, elle accroîtra
d'autant celui de l'intérêt des dépôts, et, par
suite, la masse de ces derniers. La Banque sera
promptement arrêtée dans la voie des mesures
restrictives : l'abondance des dépôts l'obligera
à y mettre un terme.

De ces variations, quelles qu'elles soient, le
public ne sera jamais tenté de se plaindre : car
elles résultent de la force même des choses. Il
acceptera le prix du crédit, comme il accepte le
prix de toute denrée dont le marché est de-
meuré libre. Aujourd'hui, il s'y résigne moins,
parce qu'il a le sentiment qu'il y a dans ces variations quelque chose de faux et d'exagéré. Il s'en
prend à l'institution, parce qu'elles ne lui parais-
sent pas résulter naturellement de la situation

générale du pays. Les causes qu'on invoque pour
les expliquer lui semblent hors de proportion
avec les effets qu'elles déterminent. Il comprend,
en un mot, qu'il s'accomplit là un phénomène
économique en dehors des conditions ordinaires.

Au système que nous proposons, que peut
objecter la Banque?

Évidemment, elle ne pourrait point dire que
l'obligation de lier les dépôts aux escomptes
aura pour résultat d'en attirer chez elle au-delà
de ses besoins et de lui faire supporter ainsi
des charges inutiles.

Car il ne tient qu'à elle de réduire le taux de
son escompte jusqu'à ce que les dépôts soient des-
cendus à la limite qui lui convient. Et, dans cette
limite, elle n'a pas à regretter ce qu'elle leur
donne : en ayant besoin, elle doit s'estimer heu-
reuse de les recevoir.

« Mais, dira la Banque, puisqu'il faut baisser
l'escompte pour éviter les dépôts, il se tiendra
au-dessous du chiffre où l'on aurait pu le maintenir, s'il n'avait pas été lié au taux de l'intérêt.
En d'autres termes, le prix moyen du crédit
sera diminué. »

A cela nous n'avons rien à répondre : car
c'est, nous ne le cachons pas, le but que nous

poursuivons. La plainte de la Banque, — et nous défions qu'on en trouve une autre fondée, — loin de nous ébranler, nous satisfera : elle sera pour nous la meilleure preuve que le but se trouve atteint.

X.

Ainsi, nous le reconnaissons, le résultat de notre système doit être d'abaisser le taux du crédit; et, à ce point de vue, il est certain, il est indubitable que, si le nombre des affaires reste le même, les actionnaires de la Banque supporteront une perte sensible.

A la rigueur, nous pourrions négliger entièrement ce côté de la question, car on n'est jamais tenu de justifier l'intérêt public par les convenances de l'intérêt privé. Quand le bien général est atteint, tout ce qu'on peut demander, c'est que l'opération qui y mène couvre ses frais. Or le plus simple coup-d'œil rassure à cet égard. En effet, quel que doive être le taux de l'escompte, il n'en permettra pas moins à la

Banque de prêter en billets trois ou quatre fois
plus de capitaux qu'elle n'en récevra des déposants, et de percevoir, par conséquent, un bénéfice égal à deux ou trois fois la somme qu'elle
paye elle-même à ces derniers.

Mais il est aisé d'aller plus loin, et de reconnaître que les perspectives de la Banque ne le
céderont en rien à la réalité actuelle. Qu'on se
représente, en effet, ce grand établissement dé-
livré à tout jamais du danger de la faillite,
absolument libre dans son émission, offrant
à toute heure un crédit stable et à bon marché, et n'ayant d'autre limite à ses affaires
que celle qui résulte de l'équilibre entre les ressources monétaires du pays et les besoins des
emprunteurs! A quel chiffre s'élèverait la masse
de ses transactions! Qui n'aperçoit là une compensation plus que suffisante à la réduction de
son taux d'escompte?

Quelques chiffres préciseront notre pensée.

Aujourd'hui la Banque dispose d'environ
250 millions de dépôts gratuits (y compris le
compte courant du Trésor) et entretient un
encaisse métallique d'un peu plus de 300 millions. Elle émet 800 millions de billets[1]; elle n'en

---

[1] Ces divers chiffres sont les moyennes des dix premiers
mois de l'année 1863.

émettait, il y a dix ans, que 500 millions. On
peut admettre, sans exagération, que les nouvelles mesures provoqueront rapidement un ac-
croissement semblable, et que l'émission ne tar-
dera guère à atteindre, par exemple, le chiffre
de 1200 millions. Supposons à ce moment, —
circonstance doublement défavorable à la Banque, — que les dépôts gratuits soient tombés à
100 millions, et que les dépôts onéreux s'élèvent
à 400 ; supposons enfin que la Banque entre-
tienne une réserve normale de 400 millions, et
que le taux moyen d'escompte soit de 3 1/2 pour
100, chiffre le plus bas de l'année 1862, qui
a vu aussi 5 et 6 pour 100 (au moment où nous
écrivons, il est de 7 pour 100). Le revenu s'éta-
blira ainsi :

La Banque disposant de 1200 millions de billets,
500 millions de dépôts, et réservant un encaisse de 400 millions, prêtera au public
1300 millions à 3 1/2, rapportant 45 millions
et demi. D'un autre côté, elle payera aux déposants l'intérêt à 2 1/2 sur 400 millions, soit
10 millions, et elle fera environ 10 millions de
dépense (d'après la proportion avec l'exercice
1862); en tout, 20 millions. Il lui restera
25 millions et demi, sauf le chiffre tout à fait
insignifiant des faillites, à distribuer aux
182 millions et demi du capital actions, soit

près de 14 pour 100, auxquels s'ajoutent les reve-
nus dus à l'immobilisation en rentes. On arrive
ainsi à un total de plus de 17 pour 100, ou de plus
de 170 francs par action, chiffre supérieur aux
dividendes actuels.

Veut-on savoir enfin à quel prix la Banque
traverserait une de ces crises suprêmes qui, avec
l'organisation actuelle, entraînerait le cours
forcé ou la faillite?

Comme elle peut, à la rigueur, liquider
toutes ses opérations courantes en trois mois,
et que, si elle les continue, c'est qu'elle y trouve
son compte, sa perte maximum sera représen-
tée par l'intérêt à 5 pour 100 de tous ses billets pendant trois mois, c'est-à-dire par 1 1/4
pour 100 d'un capital de 1200 millions (dans
l'hypothèse précédente), soit par 15 millions.
Quinze millions, tel est, en dernière analyse, le
sacrifice que devra faire, pour échapper à la
faillite, une institution qui en gagne annuel-
lement plus de vingt-cinq! Elle distribuerait
encore plus de 9 pour 100 à ses actionnaires.
On avouera que ce n'est pas payer trop cher la
sécurité.

XI.

Résumons-nous.

Notre projet, — nous laissons de côté les détails accessoires, — comprend trois propositions :
L'une, qui autorise l'ajournement des billets ;
L'autre, qui institue des dépôts à intérêt;
La dernière, qui fixe un écart maximum entre le taux de l'escompte et celui de l'intérêt des dépôts.

Leur enchaînement est facile à saisir :
Par la première, la Banque est rétablie dans sa situation vraie, et se trouve désormais à l'abri de toutes les éventualités ;
Par la seconde, qui s'appuie sur la précédente, la Banque puise en proportion de ses besoins dans la richesse métallique du pays pour alimenter son encaisse;
Par la troisième, qui n'est possible qu'à la

faveur des deux autres, la Banque est amenée à préférer le taux d'escompte qui représente, à chaque instant, l'état général du marché.

Est-ce à dire que nous prétendions abolir les variations de l'escompte ?

Nullement, car elles sont fondées sur la nature même des choses. Mais nous prétendons les renfermer en d'étroites limites ; nous prétendons qu'elles se règlent, non sur les oscillations d'un encaisse insignifiant, mais sur celles de la richesse générale elle-même. A une réserve de 3oo millions nous voulons substituer une réserve de quelques milliards.

La Banque de France a proclamé la doctrine que les variations du taux de l'escompte suivent nécessairement celles de son encaisse métallique [1].

Nous nous emparons de cette pensée pour l'élargir et pour dire :

« Les variations du taux de l'escompte doivent suivre toujours celles de l'encaisse métallique du pays. »

Ainsi se trouvera atteint ce triple résultat :

[1] Compte rendu de l'exercice 1862.

De prévenir ou d'amoindrir les variations du taux de l'escompte ;

D'abaisser le taux moyen du crédit ;

De lier étroitement les intérêts de la Banque avec ceux du pays.

Alors la Banque remplira véritablement son rôle. Alors elle sera bien la Banque de la France, c'est-à-dire le marché national où de toutes parts les capitaux viennent s'échanger. Le prix du crédit sera l'expression exacte d'une situation dont rien ne peut altérer la sincérité. Les crises monétaires, aujourd'hui plus ou moins artificielles, plus ou moins aggravées par les vices du mécanisme qui en reçoit le contre-coup, seront désormais réduites aux proportions que leur assignent les événements. Le commerce et l'industrie seront rassurés, parce qu'ils ne dépendront plus des craintes ou des embarras d'une individualité puissante, mais isolée. On ne verra plus cette anomalie d'une grande institution, faite pour fournir le crédit et obligée de le refuser au moment même où il est le plus nécessaire. On ne verra plus le pays, troublé dans ses affaires, accuser sans cesse de ses maux l'établissement qu'il a créé dans le but de les prévenir. A un antagonisme qui affaiblit succédera une solidarité qui fortifie.

De tels résultats valent la peine qu'on y re-
garde. La Banque de France sera la première à
les ambitionner, dût-elle même réduire momen-
tanément les dividendes déjà si beaux de ses actionnaires. En retour d'un droit considérable,
qui sauvegarde à tout jamais son honneur et ses
intérêts, elle comprendra la nécessité de faire
quelques sacrifices au bien public. Elle ne
voudra pas, par une résistance inexplicable,
justifier à l'avance des compétitions qui seraient
trop heureuses d'obtenir les conditions qu'elle-
même aurait refusées.

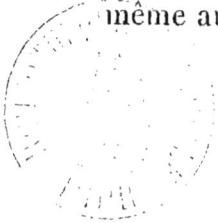

FIN.

www.ingramcontent.com/pod-product-compliance
Lightning Source LLC
Chambersburg PA
CBHW050544210326
41520CB00012B/2713